무성산

세종마루시선
017

무성산

이길섭 시집

세종마루시선 017

무성산

2023년 12월 5일 초판 1쇄 발행

지은이 이길섭
펴낸이 윤영진
기획 이은봉 김백겸 김영호 최광 성배순
홍보 한천규
펴낸곳 도서출판 심지
등록 제 2003-000014호
주소 34570 대전광역시 동구 대전천북로 12
전화 042 635 9942
팩스 042 635 9941
전자우편 simji42@hanmail.net

ISBN 978-89-6627-251-8 03810

시인의 말

나는 충청남도 공주시 사곡면에 위치한 무성산 임도 아래 산마을 '한시랑이'에서 태어났다. 유소년기를 보내고 십 대 초반이 지날 무렵 그곳을 떠나 도회지로 왔다. 세상에서 살면서 삶이 잘 풀릴 때는 돌아가서 자랑하고 싶고, 인생이 고단할 때는 돌아가 안기고 싶은 곳이 그 마을이다. 어릴 때 뛰놀던 무성산 골짜기를 꿈꾸는 일, 그것이 내게는 사는 힘의 원천이었다. 객지에서 살면서 고향을 그리워하며 뇌던 노래들을 시집으로 한 데 묶는다. 능력이 보잘 것 없을지라도 무성산을 노래하는 시인으로 기억되고 싶다.

시인의 길로 인도하고 지도해주신 세 분 선생님, 조남익 시인, 고 박용래 시인, 이은봉 시인께 감사와 존경을 드린다.

2023년 가을에

이길섭

차례

제1부 사계四季

제2부 이십사절기二十四節氣

제3부 연가戀歌

제4부 삶 속에서

제1부
사계四季

봄

묵은 갈잎에
따스한 볕,
소복이 쌓이면

구구우, 구구우
토담 넘는,
산비둘기 울음소리.

벚꽃잎들

바람 일렁이는
꽃잎들 사이로

우듬지 너머
하늘을 보네.

분홍빛 꽃잎들
눈썹 위 날리면

젖은 눈시울 타고
흐르는 구름!

능수버들

연두, 아릿한 그리움
눈 뜨는 잎, 자리에

꽃 피워 훨훨 날아,
실눈 뜬 달님 손 잡고

당신 방 잠든 창가에
살짝 엿보러 가지요.

감꽃

담벼락 앉아 찔레꽃 흩날리던 햇살,
감잎 사이 비집고 들어온다.

두리번대며 눈치 보는 도톰한 꽃,
산길 밟고 가신 그대 살빛 닮았다.

동트면 훈풍으로 다가와 정 나누고
노을 지면 달빛과 노래 부르던 사람.

여명을 밀며 떠나간 새벽 바람,
뒷마당에 화관花冠을 흩뿌려 놓았다.

뻐꾹새 울음 드문드문 섞어가며
무명실로 꿰어, 감꽃 목걸이 엮는다.

여이 동갑네들

써레를 메어야 하리.
고삐를 풀어야 하리.

시나브로 감살 자라듯
물오르는 세월.

황백이 앞세워
천수답을 갈고

풀 내음 속에 내는
한나절 모 꽃이.

아낙이 이고 오는 탁배기에
정이 가랑잎처럼 바스락거린다.

기다림

석 달 전 공부하려 대처로 떠난 큰아이가 방학이 되어 돌아온단다. 가보지도 못하고 잘 있다는 시어머니 말씀만 전해 들었는데…….

무얼 해주어야지? 무얼 먹일까? 밀개떡 옥수수 쪄주고, 산딸기도 한 바가지 따올까! 아하, 모시한수대 깃에는 싸리꽃 수놓아 입혀야지. 작은 봉창에는 초록빛 잎새로 모양내야겠네.

뙤약볕 아래서 밭매는 일부터 끼니 준비하고 시부모 모시는 중에서도, 엄니는 기다림으로 산나리 한 묶음 꺾어와 물병에 꽂아놓고, 새털구름 바라보며 행복해하셨다.

한낮

— 한시랑이 1

밤꽃 갈라치며
초여름 넘어온 햇살

아기 모 토닥이다
바지게 기댄 채 졸고,

오르막 긴 밭머리
춘잠 치른 뽕나무들

잎새 아래 오디 안고
눈꺼풀 감은 한낮.

감나무 그늘 아래
머윗대 베는 아낙네,

눈시울에 어뜩어뜩
고이는 머언 하늘가.

저녁 무렵
— 한시랑이 2

보리쌀 삶아 널고 허드렛일 하는 사이
뜸부기 숨죽이던 땡볕 한풀 꺾인다.

담장 아래 수줍게 핀 분꽃* 따서
꽃술 늘여 언년이 두 귀에 걸어주니

고개 너머 소 몰고 간 새로 뜬 밭에도
풀벌레 깨어나며 서늘한 바람 잡힌다.

논두렁 아득히 쇠풍경 소리 들리면
밀대 방석 깔고 바삐 차리는 저녁상,

보리밥 가득 담긴 복福사발,
바특하게 끓인 호박 된장국,

열무김치, 비름나물 함께 어우러지고
모깃불 사위는 여름밤 별빛 총총하다.

* 분꽃은 저녁 지을 무렵에 핀다.

가을의 노래

시렁 위의 귀뚜라미
기지개 켜는 소리 들으며

싸리울에 기대어 바라보네,
곱게 물든 감나무 잎새들.

앞산 허리 억새밭
새털구름 살포시 내려앉고

서리 맞은 호박잎마다
쑥국새 울음 얼룩지는 노을.

가을 하늘 높이 높이 날아가네,
바람 소리 헛헛한 가슴에 두고.

추고秋孤

감나무 가지 사이로
텅 빈 고독 장대비처럼 쏟아진다.

그것이 아련한 것은 그리움과 기대가
눈부시기 때문일 거야.

으악새 지저귐이
슬프지 않은 것도 아마 그럴 거야.

까치밥 지기 전에
햇세와 목월과 천렵 가야지.

가을 연가

따가운 햇살 눈치 보며
벼꽃 빼꼼히 고개 들면

바구니 꺼내 그늘에 말리며
수놓은 덮개 다려놓지요.

나팔꽃 열매 흩어져 구르면
차려입고 당신께 가려고요,

띄엄띄엄 국화 핀 산길을 따라
쌓아놓은 그리움 꾹꾹 담아.

흘러가는 구름 바라보며
금잔디 위 발 모으고 앉아

살가운 눈빛으로 조잘대야지요,
바람 부는 여름 지나온 이야기들.

모란꽃

봄비가 보슬보슬 내리는 밤
보조개 젖은 당신을 처음 보았어요.

햇볕 화창한 날엔 앞마당 뜰에서
해맑은 색시처럼 내게로 다가왔지요.

어머니 모시고 고향 떠날 때는
이파리에 찬 이슬 흘러내렸고요.

기러기 돌아오는 가을밤엔
눈 안에 가득 담아온 그대 떠올렸어요.

쌈지처럼 싸둔 얘기 뒤지고 뒤져
흐르는 구름에게 들려주었지요.

싸릿대

— 손주에게 들려주는 할아버지 어릴 적 고되던 겨울 준비 이야기, 먼 나라 동화보다도 어색하고나

이 배미 저 배미 일 다니던 앞집 아저씨, 이슥고 가을걷이 꺼끔해지면 지게 지고 혼자서 산으로 간다. 며칠이고 싸릿대 베어 집으로 나른다. 낫으로 잔가지 툭툭 쳐내고 말끔히 다듬는다.

굵은 대는 골라 사립문을 엮을 때 쓰고 중간 대는 칡넝쿨로 묶어 울타리 두른다. 겨울 바람 막아 주는 싸리울이다. 곧고 가는 가지는 아주머니 차지, 여치집 걸린 시렁 위 소쿠리며 채반 짜 쌓아놓는다.

잔가지 남은 것은 갈퀴로 모아 섶으로 쓴다. 눈 내리는 날 군불 지필 때 삼태기 아래 참새들 조촘대는데…….

눈 내리는 마실

미루나무 위로 눈 내리면
할머니 밤 까주며
이야기 주머니 열던 마실.

굴뚝새 둥지 위 눈 내리면
어머니 바가지 들고
고구마 퉁가리 열던 마실.

땅거미 지고 눈 내리면
부뚜막 가생이 아이들
웃음소리 터지던 마실.

이제는 숨어버린 그 마실
오늘도 밤새워 눈은 내리겠지.

제2부

이십사절기二十四節氣

입춘立春

소설小雪에 아내에게
"다가올 겨울은 많이 춥다지요."

"그렇다대요! 당신 추위 많이 타는데
겨울나기가 걱정이에요."

"걱정하지 말아요.
다 함께 지나가는 거예요."

볕 좋은 날 눅눅한 옷가지
툇마루에 널어 말리기도 하고

날 풀리고 눈 녹으면
동산에 오르는 사이, 어느새

지난가을 남겨둔 문종이 베어내
입춘첩立春帖 쓸 준비를 한다.

버들가지에 봄을 틔우고 떠난
동장군, 그대는 벗!

우수雨水

숲속 후미진 구석구석
배시시 햇살 기웃거리면
마른 낙엽 사이
요기서 삐쭉
조기서 삐쭉
잠 깨는 소리.

볕 바른 바윗가 까투리
풀섶 헤집는
산허리 타고
구비 도는 바람
잔설 녹이네,
비탈에는 도토리 깍지 데구르르.

경칩驚蟄

오물오물 개구리 알 따스한
무논을 지나오세요.

들녘 가득 쏟아지는 햇살
두 손에 한올 한올 사려오세요.

돌무더기 옆 나무 아래서
살짝 다가온 그대와 더불어

잔치국수 빚어
한 사발 소반 위 올릴게요.

춘분春分

— 월매月梅

마실 가서 한잔 기울이고
고샅길 따라 밤길 거니는데

철없이 서둘러 벙글어나온
매화 몇 송이 언뜻 눈에 들어온다.

휘영청 하늘 아래 향기 가득하고
가지 사이로 흐르는 달빛.

산 능선에 아련한 눈길을 두고
꽃잎 하나 바람결에 날려본다.

청명淸明
— 진달래 연가

창 너머 뒤란 감꽃 피면
그대 싱그러운 모습으로,
미루나무 잎새 흩날리는
늦은 봄바람 타고 오시려나.

쏙쏙 찔레 순 올라오는
느릅나무 옆 덤불 숲 지나
맑은 개울가 바위 위
그대 웃음 짓고 앉아 계시려나.

진달래 피는 봄날에는
풀섶에 누워 눈을 감고
손가락 고부리며 그대
오실 날 세어보지요.

곡우穀雨

우전雨前에 따 말린
찻잎 비벼 넣고

산다래 물 받아
술 한 동이 앉힐래요.

비 온 뒤 못자리
볍씨 뿌리는 날

곰취 깔고 쪄낸
곡우살조기 곁들여

들길 지나 당신께
새참 차려 가려고요.

입하立夏

돌배꽃 피나 했더니 지고
봄이 깊은가 했더니 가네.

산에는 나물 향기 가득하고
못자리엔 피사리 한창일세.

찔레꽃 피기 전 미리미리
써레 꺼내 초벌 손보아야지.

소만小滿

아카시아 꽃잎 끌어안고
능선 위로 날아오르네,

풋보리 모감지
잘라 담던 꾀꼬리.

감나무 그늘 아래
골바람 살랑이면

보리 대롱 입에 물고
신명 나게 불어보네,

엄마 치맛단 잡고
씀바귀 뜯던 순이.

망종芒種

남풍에 실려 오는
찔레꽃 향기

밀 이삭 그슬려 먹으며
보릿고개를 넘는다.

망 너머 다랭이논
언제나 모를 낼거나!

풀베기하는 농부
하늘만 바라보는데

두견이 내려앉는 산길
망초 꽃대만 세어간다.

하지夏至

더위가 고개를 쳐들면
엄니는 감자를 캤지요.

보랏빛 도라지꽃 피면
산 넘어 구름을 바라보았지요.

밤마다 친정 마을에는
고개 넘어 소쩍새가 울었지요.

재 넘어 묵은 밭에선
더위가 깊어 가는데요.

소서 小暑

더위 재촉하는 비
세차게 내리는데

청개구리 한 마리 앉아 있네,
담벼락 살구나무 잎새 위.

논매러 간 사내들
품 메어 돌아오고

밀개떡 익어가는 초가에선
타닥탁, 보릿짚 타는 소리.

정겨워라, 낙숫물 소리
섬돌 위로 흩어지네.

대서大暑

땅거미 점차 짙어지며
눈빛 반짝이기 시작하네,

불볕더위 등에 지고
콩밭 매던 산비둘기.

반딧불 채러 가는
수런수런 들뜬 발길들.

멍석딸기 익는 물가엔
참외 수박 깨지는 소리.

별빛 아래 소근대는
눈동자엔 하현달 떠오르고

풋사랑 익어가네,
그림자 지는 나무 아래에선.

입추立秋

벼 이삭 고개 숙이는 논길 지나
쟁기 둘러메고 가야지.

따가운 볕 쏟아지는
굴참나무 아래 긴 고랑,

겨우살이 마련하러 가야지
배추씨 무씨 뿌리러.

올벼 훑어, 농주 동이
아랫목에 앉혀 놓고

마른 가지 끌어다가
눅눅한 구들 뎁히려네.

그믐쯤 조상 묘 벌초하고
상석에 술 한잔 올려야지.

처서處暑

늦장마 빗줄기로, 타는 목축여 가며
삼복더위 견뎌오던 그대

이삭 패는 두렁 따라
후다닥 뭉게구름 타고 와

새참 녘 콸콸콸 탁배기 잔
불룩하게 채워주고는

집에 남아 놀던 아이
토광 아래 선잠 든 새

대소쿠리 엎어 놓은 돌절구 위
슬몃슬몃 다가서네.

백로白露

— 근친覲親 가는 길

구절초꽃 위 살포시 앉은
잠자리 떼어 손등에 얹고
통통하게 이슬 맺힌,
알알이 익어가는 포도원 지나가네.
일곱 해를 기다려 큰아이 손 잡고
새재 고개 넘어가네.
소쩍새 우는 밤 꿈속에서
산 넘어 구름 아래
버선발로 달려가던 길.
엄니 지금 집에 계시려나?
들일 나가진 않았으려나?
하늘 저편 산 넘는 구름 보며
콩밭 매다가 부르던 엄니…….
아들아 가야지! 어서 가자꾸나!
기운 내 올라가는 산 고갯길.

추분秋分

고구마 양재기 목말 태우고 가네,
쑴바귀 다복한 논두렁 길.

감국화 쓰다듬던 산새 울음
재 너머 우물가 다다르면,

당신은 눈빛으로 구름 한번 쳐다볼까나.
바람결 촉촉한 가을 길 가네.

한로寒露
— 농막

솔잎 사이로 부서지는 햇살, 찬 이슬에 미끄러지네. 토란잎 위 구르는 방울, 눈시울 아래 흩어지네.

고운 빛 내려앉는 산기슭 새밭 머리! 감나무 잎사귀 딛고 까치 소리 초리 위로 솟구쳐오르네,

솜털구름 다리 너머 남빛 하늘 높이 떠 있네. 곱다랗게 물드는 밭두둑 옻나무 이파리, 이파리!

상강霜降

햇살, 터질세라 까치밥 딛고
하늘에서 뛰어내려
덜렁대는 갈잎 위 앉아
나긋나긋 시소 타네.

풀씨 끝에 매달려
숨소리 고르더니
꽈리 터지는 소리에 놀라
벌떡 깨어나는 소슬바람.

하늘은 고갯길 위
실눈 뜨고 서성대는데
장끼 이마에 노을빛 새기며
가을이 가네.

입동立冬

개울가 따라
암자에 가는 길.

이마에 밴 땀
소매로 훔치고

떨어진 잎새 하나
개울물에 띄워보네.

갈 길 재어보며
옷깃 여미는데

매미 허물 그네 타는
앙상한 가지 사이

흘기며 지나가네,
늦가을 환한 노을빛.

소설小雪

시루떡 고루 안치시며
켜켜이 팥고물 뿌리셨지요.

팥고물 위에 다시
무채 켜켜이 뿌리셨지요.

그을음 이는 관솔불 아래
켜켜이 마음 흐트셨지요.

어머니 가시고 빈 뜨락
내리는 싸락눈 위
산새 울음 날렸지요.

오늘도 새벽 떡갈잎 위로
달빛 가루 분분이 내려앉았지요.

대설大雪

땅거미 골바람에 실려 오고
돌담 위 펑펑 눈 내리면

사랑채 아궁이에서는
쇠죽 끓는 소리.

배고픈 산새들
저녁연기 속 둥지에 깃들면

호롱불 아래,
졸린 눈 비비는 소리.

헛간 지붕 위로 쏟아지는
투두둑, 솔가지 부러지는 소리.

동지冬至

맨손으로 눈발을 채어
커다랗게 뭉치는 그대와 더불어

가랑잎 두 손으로 긁어모아
아궁이에 불 지핀다.

저녁으로 삶아 먹는 찬밥뎅이,
깍두기가 새콤하다.

소한小寒

무성산에 소복소복 눈 쌓이면 나뭇가지 부러지는 소리에 밤 깊어 가고, 어둠 속 밥 지으러 나온 아낙의 손, 문고리에 쩍쩍 달라붙는 소리와 함께 새벽이 온다.

배고픈 산새 울음에 잠 깬 아이들 아랫목에 누워 꼼지락대는데, 여물 안치며 쿨룩대는 할아버지 기침 소리 따라 동녘 훤해 온다.

눈 덮인 산에 들에 마음 뺏긴 아이들, 강아지 옆에서 썰매 송곳 챙기는 소리. 아침 해 떠오르면 고드름에 미끄러지는 햇살, 산마을 데우는데 대숲 지나온 바람, 세상 소식 죄 전해준다.

대한大寒

악보에서 음표를 고르는데
문득 어머니가 그립다.
겨울이면 나물 콩 불려 시루에 안치시던,

늙은 호박 숭숭, 포기 김치 썩썩
콩나물 한 주먹 뽑아 넣고
이른 아침, 국을 끓이시던,

부뚜막 앞에 쪼그리고 앉아
아궁이에 불을 때시던,
머리에 목수건을 두른 어머니가…….

제3부
연가戀歌

툇마루
— 무성산 1

대보름 지나자
비가 왔어요.

산모롱이 돌아
바람이 불면

들판 넘어
구름 따라 봉우리 넘어

흰 눈썹 올올 사이
피어나는 아지랑이.

다가오시네요,
고운 어머니!

소찬素饌

— 무성산 2

마늘밭 덮은 수숫대 걷어내다
허리 펴는 참 나싱개 몇 뿌리 캔다.

양지쪽 두둑 수줍게 비죽비죽
고개 내밀고 볕 쪼이는 봄나물.

나싱개 씻어 된장찌개 끓여내고
쫑쫑 썬 달래는 간장 종지에 쏘옥,

묵은 김치, 마저 소반에 올리며
눈가에 미소 짓는 아내 떠올린다.

호박꽃
— 무성산 3

스무살 새색시 시집오던 날
진달래꽃 곱게도 피었던 산길.

칡넝쿨 어느새 우거지고
아기새들 둥지를 떠나 갔어요.

땡볕에 꽃봉오리 타개지고
옹기종기 호박벌들 모여드는 대낮.

고개 아래 긴 고랑
콩밭 매다 쉴 참 뇌어 보아요
엄니 엄니!

소나기
— 무성산 4

오후 새참 녘 장대비 퍼붓는다.

달음박질해 소 몰고 오다가

산사나무 아래서 빗물 닦아주는데,

먼 산 무지개 선선한 발 세운다.

가을 길
— 무성산 5

새벽바람 다독이며 이슬,
풀잎 끝에 맺힌
들길 따라가네.

다랭이논 향한 지게 위 햇살
금실처럼 내려앉는
가을 길 가네.

산마루 박차고 새털구름
하늘 높이 날아가는
들길 따라가네.

귓전에 투둑 툭,
상수리 떨어지는 소리 들으며
가을 길 가네!

바람 소리
— 무성산 6

남빛 가을 하늘 가득, 가득히
철새 떼 우르르 떠오르면

능선 타고 내려오는 울음소리
낙엽 위로 구르며 흩어지네.

손님에게 자리 비켜준 구름
다람쥐 눈동자에 들어가 쉬는데

마른 꽃 날리며 가을이 가네,
풀잎마다 바람 소리 남겨둔 채.

수줍은 기다림
— 무성산 7

산허리에서 저녁노을
모자 들어 인사하면

종종대는 나뭇짐 위
따스한 별 바스라지고

아낙의 수줍은 기다림
굴뚝 위 연기처럼 방싯거리네.

작대기타령
— 무성산 8

성재 아래 기우는 햇살
허리 굽신대는 억새밭 사잇길,

총총걸음 장단 맞춰
따라락 따라라락 흥겨워라!

나뭇짐 뒤축 따라가네,
지겟다리 두드리는 작대기타령.

사부곡思父曲
— 무성산 9

그 시월 아버지를 여의고
벌써 스무 해를 보냈다.

따스한 볕 머금고 자란
토란을 캐어 국 끓이고
그리움으로 간을 맞춘다.

마른 산국山菊 한줌 태워
마당 가득 향을 사른다.

맑은술
— 무성산 10

문풍지 사이로
날리는 눈발.

사립에 지는
얼근한 눈시울.

그리움 태우며
군불 튀는 소리.

그대 가신 산길 따라
올리는 한잔.

진달래

꽃, 꼬맹이 하교하는 산길에 피어 있던

꽃, 우물가 깨물던 앵두 빛 빼닮은

꽃, 아내 시집올 때 고왔던 치마 빛

꽃, 봄마다 꺾어와 창가에 꽂아놓는

꽃, 내가 묻힌 무덤가에도 피어날 참꽃.

초여름 연가

으름나무꽃 모아서
모시 보자기 물들여요.

골담초꽃 수놓아
바구니 덮개 하려고요.

이 여름 지나면 당신께
머리에 이고 가렵니다,

머루랑 으름 송이
다래랑 가득 담아.

금잔디 빛 고운 둔덕
양지 녘 구름 아래서

노래하렵니다, 낭랑한
목소리 들릴 듯한 눈빛으로.

백일홍 연가

그대 가슴속 외로움
다정한 가을볕에 말려 두셔요.

오는 겨울 나시기에
한결 푸근하실 거예요.

백일홍 바라보며
사랑하는 사람들
많이 그리워하셔요!

할미꽃

산사나무 꽃잎에
쑥국새 울음소리
떨어지던 신새벽이었다네.
들꽃처럼 살고 있다가는
부푼 가슴 안고
서울살이 간 순이,
그만 발길 잘못 들어
밤거리 꽃으로
한 세월 살았다네.
모진 삶 견뎌오는 사이
곱다리 처녀
온데간데없고
하얀 머리칼만 남았다네.
들어갈까 들어가지 말까
고향 마을 어귀에서
한참을 망설이다가
손등으로 눈물만 훔쳤다네.
산자락 무덤가 삘기 밭
젖은 국숫발처럼

흘러내리는 봄비
서성대는 하얀 머리 적셨다네.

싸리

백옥의 영락을
세워 달고

고목 속에서
떨치고 나온 의지.

바위 사이 돌나물과
땀을 식히며

손끝으로 뜨던
묵밭 위에 선다.

한알 한알
쓰다듬어

굳은 황무지에
씨를 뿌린다.

라일락

오월 초순에 피는 라일락꽃의 향기, 오월 중순이 지날 무렵 동남풍에 흩어져 하늘로 날아간다. 물푸레나무과에 속하는 라일락, 속의 이름은 수수꽃다리다. 과와 속의 이름이 순우리말인 것이 특이하다. 누가 지었을까, 이렇게 예쁜 이름을!

학창 시절엔 신록의 상징으로 흐드러지게 피던 낭만의 꽃 라일락, 경신년 변란變亂 때는 빛고을에서 수숫대 선홍빛깔로 흩어져 별이 된 꽃 이파리들.

이역 땅 미국에서는 고국의 피붙이를 그리워하며 가슴 미어지던 미스킴라일락이 눈앞에 어린다. 세월이 가도 해마다 라일락꽃은 어김없이 피었다 진다. 봄날 지새우는 향기, 소쩍새만 멀뚱멀뚱 하릴없이 바라다본다.

매화타령

달밤에 핀 매화를 거리 두고 바라보는 것이 월매일 테고, 매화나무 아래서 가지 사이로 보는 달이 매월이려니, 순서를 바꿔놓았을 따름이나 운치가 전혀 다르다.

달빛 아래서 고즈넉한 밤을 지새우는 것이나 매화나무 아래서 달을 보며 시상을 돋우는 것도 시인의 일이니, 멀쩡한 달이나 매화의 자리에서 생각하면 허망한 일 아닌가?

삶 속에서 사람이 받는 평판도 치열함이나 진지함에서 오지 않고, 사회적 질서라는 정해진 기준에서 오는 편견이라면, 세월을 견디며 지켜본 매화 등걸이 꽃 시샘하는 춘풍에 무수처럼 바람 들지도 몰라.

신 타령

사랑이 시가 되고, 그리움이 시가 되고, 고독이 시가 되어, 석양에 초승달을 만나, 달빛이 시가 되어 어쩌지 못하고 다가올 때, 신은 그 자리에 서 있었다. 빙긋 웃으며 악수를 청했다.

제4부
삶 속에서

미분방정식 연습 시간

"다음 차례 학생들
교단 위로 나오세요."

칠판에 분필로
5명이 동시에 문제를 푼다.

양철지붕 위로 쏟아지는
소나기 소리!

數學, 왜 필요한지

오징어 게임 참가자와
콜로세움의 검투사들,

가면 쓴 VIP와
로마의 귀족들,

4차원 공간 안에서는
다른 좌표지만

집합론 관점으로는, 같은
동치류同値類에 속하는구나!

4월

그해 4월에 세상의 반이 없어지더니 오늘은 하늘에 있는 모든 별이 사라졌다.

저녁에 해가 지면 내일 또 뜰 것이라는 과학적인 믿음과 사람 사는 세상에 대한 통계적인 신뢰를 바탕으로 오늘 나는 또 하나의 윤동주가 되었다.

삶도 구원도 사랑도 한 줄기 바람이거늘 내 어이 파르란 가로등 불빛에 가슴 저미는가!

처서 소감處暑 所感

비문증이 심해질 때마다 고향 집 가을 하늘 고추잠자리 떼를 떠올리고는 합니다.

오늘 늦잠에서 깨어나 차 한잔 마시며 비탈리의 샤콘느를 듣다가 문득 낙엽이 지는 소리는 어떨까, 하는 생각을 합니다. 폴란드 망명정부 지폐 같은 것일 수도 있겠습니다. 후원의 버들잎이 그려진 것일 수도 있겠습니다. 목월 시인의 눈먼 처녀 같은 것일 수도 있겠습니다.

내 마음속 낙엽 지는 소리는 무엇일까요. 올해도 억새풀은 바람 속에서 제 울음소리를 토해낼 텐데 말입니다.

가자, 세상으로 가자!

혹독한 세월 다 견뎌낸 뒤 황혼 녘 강가에 서서 물수제비 뜨며 삶으로 스민 서러움과 오욕 한올 한올 풀어 강물에 떠내려 보내고 눈 감았다.

생존만이 유일한 가치로 엄습할 때마다 온갖 두려움을 비집고 눈에 들어오는 사치, 털끝만큼도 남기지 않고 모두 모아 강여울에 버렸다.

어머니에 대한 그리움이나, 아버지에 대한 연민도 선생님에 대한 미안함까지도 벽장 속 깊은 구석에 처박아 놓고 돌아보지 않았다.

죄송한 마음, 사무친 그리움, 살면서 얻은 안타까움 모두 온전히 내 것이니 사랑해야지, 다시는 버리지 말아야지, 처박아두지도 말아야지.

혹독한 세월, 꿈이 아니었다. 찬란하게 아침 해 솟아오르는 새벽이다. 가자, 가자, 다시 세상으로 가자!

수국水菊

봄볕 가득한 호수 위
노 저어가요.

일찍 눈 뜬
개나리꽃 두어 송이

예쁜 꽃부리
손바닥 오므려 쥐어주곤

그대와 함께한 나날
꽃잎으로 피어나요.

여러 철 보내고
또 봄이 돌아오면

마른 꽃 가지런히
창가에 걸어두어요.

작은 꽃 이파리에

알알이 깃드는 숨소리.

또 세월이 떠나거든
축음기에 걸어두어요.

아아, 뺨 위에
소금산이 쌓일지라도.

이팝나무꽃

아침상에 쌀밥과 쇠고깃국이 올라온다.
오랜만에 보는 흰밥에 눈이 번쩍 떠진다.

젊고 예쁜 아내는 쌀밥을 자주 해주었지.
그 시절에는 왜 그렇게도 맛있었던지.

나이가 들면서 목소리가 커진 아내는
건강에 좋다며 잡곡밥을 즐겨 짓는다.

근래에 집에서 쌀밥을 짓는 경우는
한 달에 식구 수만큼이나 되는가 보다.

해마다 봄이 갈 무렵 이팝나무꽃 피면
가난해도 살가웠던 시절 자꾸 떠올려진다.

수리취

그대는 신록의 무성산
할머니의 산나물입니다.

그대는 봄 내음 텃밭
어머니의 기다림입니다.

그대는 입맛 잃은 아침
아내의 깊은 사랑입니다.

그대의 남은 꽃부리는
아버지의 그리운 미소입니다.

서리 내음 머금고 스며드는
강촌의 물안개 고와라!

억새꽃

발 더딘 아내와 나서는
강변 산책길…….

가다 보면 어느새
혼자서 아내를 기다리네.

그런 때는 돌부리에 앉아
바라보네, 억새 군락의 댄스.

힘겨운 겨울 볕에
꽃송이 부서져 날리면

손사래로 채어보네,
강바람 타고 온 꽃 눈발!

첫눈

떠나가는 당신의 마음
잡지 못하고
원망으로 밤 지새우며
뒤척이다가
그믐달 뜨는
새벽 강가에 나갔어요.

물소리 타고 치는
된바람 손사래에
소지재처럼
억새꽃 검불 날아가요,
서릿발 위 발자국마다
눈발 쌓이는데요.

* 소지燒紙: 부정을 없애고 신에게 소원을 빌기 위하여 흰 종이를 태워 그 재를 공중으로 날리는 일. 또는 그 종이.

팥죽

너나없이 먹을 것 부족하던 시절
집집마다 동짓날 기다리는 것은
밥풀 넉넉한 팥죽 때문이다.
산골 마을에서 자란 탓인지
일흔의 나이를 바라보면서도
동짓날 며칠 전부터 팥죽이 기다려진다.
점심도 흰밥을 먹은 터라
창 너머 눈 덮인 이웅다리 바라보며
주방 쪽 눈치를 살피는데
아무런 기척이 없다, 무엇을 하는.
눈 꿈먹거리다 슬며시 다가온
아내가 멋쩍게 웃으며 내게 전해준다,
요즈음 동짓날 팥죽 경향에 대해.
팥 삶아 계피 내는 일 없고요.
찹쌀가루로 새알 반죽도 하지 않아요.
아파트 문화는 다 사다 먹는 거에요.
어떤 집은 '비비빅' 사다가 녹인 다음
쌀 넣고 팥죽 끓이기도 한데요.
아내의 말에 나도 그저 웃는다.

장가계張家界

장가계 하늘 아래
물은 숨을 죽이고

산은 벌떡 일어나
절을 하려 하네.

산천이 다 놀라운 경관
하늘도 손뼉을 치네.

사람은 그저 홀로
눈만 크게 뜨고 있고.

그릇 타령

내 그릇 작으면
가진 그릇도 작아야지.

내 그릇 작은데
큰 그릇 차지하면

마음속 자라나는
탐욕 어찌 못하고

맑은 마음 흐려져
끝내 삶 고되어지네.

내 그릇 살펴 가며
맞는 그릇 마련하고

분수를 지켜가며
소소하게 사는 거야.

* 소소, 昭昭 또는 炤炤: 밝고 환하게

부처님 이야기

20대 소싯적 살림이 어려웠던 시절 집안 일 돌보랴, 공부하는 남편 격려하랴, 아이 키우며 어려운 살림하는 아내에게, 미안한 마음 담아 현진건을 기억하여 빈처貧妻라고 부르고는 했다. 아내는 그 말을 들을 때마다 부자가 될 것이라며 부처富妻라고 불러줄 것을 주문했다. 이런 이유로 집안에서 둘이 있을 때 내가 아내를 부르는 호칭이 부처님이 되었다. 살림이 웬만큼 필 때까지 한동안 아내는 예수님의 대선배가 되었다. 요즘도 농담 삼아 빈처라고 부르면 "난 부처야" 하며 멋쩍게 웃는다.

때가 되었어요!

마지막 강의 마치고
하늘을 바라보네요.

크고 작은 조각구름
물 흐르듯 흐르는데

풀씨 한 톨 날릴
바람 어디서도 불지 않네요.

마음 모두 내려놓고
그리움도 지워버리려고요,

스스로 홑씨 되어
그냥 훨훨 날아가려고요.

유복해도 내내 외로웠던
객지의 미련 다 버리고

어머니와 아버지와 친구들

들꽃도 반겨주는 곳,

꿈속에서나 머물던 마을로
마음 따라 돌아가려고요.

섬길

— 이재호 화백의 그림 「작은 섬」에 감응해

남해안 작은 섬 오솔길
우거진 숲속 나무 아래

외롭게 떠 있는 쪽배 위
홀로 앉은 사공을 보네.

눈시울 그득한 그리움
축축한 물빛 적시는데

발걸음 망설이던 구름
갯바람에 갈 길 맡기네.

자연공동체 혹은 파라다이스에의 추억
— 이길섭 시집 『무성산』의 세계

이은봉(시인, 광주대 명예교수)

1. 개성 있는 서정과 자연 친화

이길섭의 시는 개성이 뚜렷하다. 섬세한 서정, 개성이 있는 서정으로 충만한 것이 그의 시이다. 시인 나름의 심미적 서정, 심미적 형상으로 가득한 것이 그의 시라는 것이다. 그의 시의 심미적 형상은 이미지가 전경화되고 이야기가 후경화되는 가운데 절묘하게 하나로 접합되는 특징을 보여준다. 이른바 서정적 이미지와 압축된 이야기가 촉촉하게 합일되는 가운데 독자들의 감성을 파고드는 것이 그의 시이다.

바람 일렁이는
꽃잎들 사이로

우듬지 너머
하늘을 보네.

분홍빛 꽃잎들
눈썹 위 날리면

젖은 눈시울 타고
흐르는 구름!

―「벚꽃잎들」 전문

4연 8행 2문장의 짧은 시이다. 게다가 두 번째 문장은 명사문으로 되어 있다. 명사문은 문장의 종결어미가 명사인 경우를 이른다. 시에서 명사문은 일단 형상성을 강화하는 데 도움을 준다. 따라서 적절한 명사형 문장의 사용은 시의 심미성 확보에 큰 도움을 준다.

서정시는 본래 심미적 정감을 공유하는 언어예술형식이다. 서정시가 부연이나 나열의 형식보다 응축과 압축의 형식을 토대로 하는 것도 이와 무관하지 않다. 이길섭의 시도 물론 응축과 압축의 형식을 토대로 한다. 그의 시의 고유한 특성도 실제로는 바로 여기서 비롯된다. 그 역시 작고 조그만 서정적 이미지 위주의 시를 쓰고 있기 때문이다. 이때의 서정적 이미지에는 적절한 경험이 만드는 이야기가 뒷받침되어 있지만 말이다.

그의 시의 이러한 특징은 무엇보다 박용래 시의 영향을 짐작하게 한다. 젊은 시절 한때 박용래 시인으로부터 직접 창작지도를 받은 적도 있는 것이 그이다. 다음의 시야말로 그가 박용래 시의 계보를 잇고 있는 시인이라는 것을 깨닫게 해 준다.

묵은 갈잎에
따스한 볕,
소복이 쌓이면

구구우, 구구우
토담 넘는,
산비둘기 울음소리.

—「봄」 전문

두 개의 이미지가 절묘하게 뒤섞여 있는 것이 이 시이다. 하나는 "묵은 갈잎에" "소복이 쌓이"는 "따스한 볕"의 이미지이고, 다른 하나는 "구구우, 구구우/토담 넘는,/산비둘기 울음소리"의 이미지이다. 전자는 시각적 이미지이고, 후자는 청각적 이미지이다. 이처럼 시각적 이미지와 청각적 이미지를 알맞게 뒤섞어 공감각적 이미지를 이루고 있는 것이 이 시이다.

이 시에 등장하는 이미지는 오늘의 도시에서는 거의 찾아보기 힘든 것들이다. “묵은 갈잎에” “소복이 쌓이”는 “따스한 볕”의 이미지나 “구구우, 구구우/토담 넘는,/산비둘기 울음”의 이미지는 모두 자연의 것들, 곧 농촌의 것들이기 때문이다. 이들 자연의 것들, 곧 농촌의 것들로부터 시인의 자연 친화, 곧 농촌 친화를 찾기는 어렵지 않다.

그의 시가 보여주는 자연 친화, 곧 농촌 친화는 물론 이러한 정도에서 그치지 않는다. 이것이야말로 그의 시 전체가 끌어안고 있는 보편적인 특성이라고 해도 과언이 아니다. 그의 시에서 자연 친화, 곧 농촌 친화는 애틋한 서정적 이미지의 토대이고 근거라고 해도 지나치지 않다.

하지만 그가 자신의 시를 통해 지금 이곳의 농촌의 현실에 대한 사회적이고 역사적인 자각까지 보여주는 것은 아니다. 그의 시에 드러나 있는 자연 현실, 농촌 현실은 영혼의 고향이고, 심미의식의 원천이라고 해야 옳을 듯싶다. 다음의 시에서도 확인할 수 있듯이 그에게는 “감잎 사이 비집고 들어”오는 햇살이, “담벼락 앉아 찔레꽃 흩날리던 햇살”이 자연의 현실이고, 농촌의 현실이라는 것이다.

담벼락 앉아 찔레꽃 흩날리던 햇살,
감잎 사이 비집고 들어온다.

두리번대며 눈치 보는 도톰한 꽃,
산길 밟고 가신 그대 살빛 닮았다.

동트면 훈풍으로 다가와 정 나누고
노을 지면 달빛과 노래 부르던 사람.

여명을 밀며 떠나간 새벽 바람,
뒷마당에 화관花冠을 흩뿌려 놓았다.

뻐꾹새 울음 드문드문 섞어가며
무명실로 꿰어, 감꽃 목걸이 엮는다.

—「감꽃」 전문

이 시에서 시인은 "감잎 사이 비집고 들어"오는 햇살, "담벼락에 앉아 찔레꽃 흩날리던 햇살"부터 묘사한다. 그 다음에는 "산길 밟고 가신 그대 살빛 닮"은 "도톰한 꽃"에게로 초점을 옮긴다, 이 대목에 나오는 "산길 밟고 가신 그대"는 누구인가. 이어지는 구절에서 시인은 그를 두고 "동트면 훈풍으로 다가와 정 나누고/노을 지면 달빛과 노래 부르던 사람"이라고 말한다.

이어지는 구절에서 시인은 그대와 함께 "여명을 밀며 떠나간 새벽 바람"이 "뒷마당에" "흩뿌려 놓은" "화관

(花冠)"에 주목한다. 이때의 "화관(花冠)"은 마땅히 이 시의 2연에서 확인할 수 있는 "두리번대며 눈치 보는 도톰한 꽃"이다. 다음의 구절로 미루어 보면 이때의 "도톰한 꽃"은 감꽃인 것이 분명하다. 그가 "뻐꾹새 울음 드문드문 섞어가며/무명실로 꿰어, 감꽃 목걸이 엮는다"라고 노래하고 있기 때문이다.

그의 시에 수용된 자연 현실, 곧 농촌 현실은 이처럼 지금 이곳의 자연 현실, 곧 농촌 현실과는 거리가 있다. 그렇다고는 하더라도 그의 시에 드러나 있는 이들 자연 현실, 곧 농촌 현실에 그의 공동체적 이상이 담겨 있는 것은 명확하다. 자신의 시를 통해 그려내는 자연공동체, 곧 농촌공동체에는 그의 유년 체험이 깊이 배어 있지만 말이다.

자신의 시에서 그는 자신이 체험한 유년 시절의 자연 현실, 곧 농촌 현실을 대부분 현재 시제의 문장으로 기술한다. 실제로는 40여 년의 세월이 흘렀건만 그의 시에 담겨 있는 심미적 의식이 지난 시대의 자연 현실, 곧 농촌 현실과 함께하는 것이다.

2. 자연공동체 혹은 파라다이스

대한민국의 대다수 국민은 지금 근대와 더불어 탈근대

를 살고 있다. 하지만 시인이 자신의 시를 통해 보여주는 심미적 의식은 근대 초기를 향하고 있어 두루 주목된다. 그로서는 근대 초기를 참으로 행복했던 시간과 공간으로 기억하고 있는 셈이다. 시인이 기억하는 참으로 행복했던 시기, 곧 근대 초기는 1967년 전후 어디쯤 되지 않나 싶다. 제1차 5개년 개혁이 마무리되는 동시에 다품종 벼로 유명한 노풍 및 통일벼가 보급되어 모처럼 농촌이 풍성해졌던 1967년 전후 말이다. 미처 이농이 시작되지 않았던 이 시기의 대한민국 농촌을 풍성하게 기억하는 것은 그와 비슷한 연배가 갖는 정서적인 특징이다.

그래서이겠지만 그의 시에서 이때의 자연 현실, 곧 농촌 현실은 일종의 이상세계로 존재한다. 그곳을 잃어버린 낙원, 곧 파라다이스라고 부를 수 있다고 하더라도 이상세계인 것만은 분명하다. 미래에 도달할 유토피아가 아니라고 하더라도 그의 시와 함께하는 자연 현실, 곧 농촌 현실이 행복의 공간으로 기억되는 것은 동일하다.

이때의 행복의 공간은 일단 '자연공동체'라는 말로 요약이 된다. 물론 자연공동체라는 말은 농촌공동체라는 말로 대체되어도 무방하다. 그의 시에서 이들 공동체는 언제나 잃어버린 낙원, 곧 파라다이스의 모습을 취한다.

이와 관련해 그는 자신의 시에서 다음과 같이 노래한다. "마음 모두 내려놓고" "스스로 홑씨 되어/그냥 훨훨 날아가려고요." "어머니와 아버지와 친구들/들꽃도 반겨주는 곳,//꿈속에서나 머물던 마을로”(「때가 되었어요」)라고 말이다. 이들 구절로 미루어 보면 그의 시에 함유된 잃어버린 낙원, 곧 파라다이스는 “꿈속에서나 머물던 마을”이라는 것을 곧바로 알 수 있다.

그가 보기에 이때의 “꿈속에서나 머물던 마을”은 언제나 충만한 사랑의 세계이다. 이때의 사랑에는 마땅히 남녀 간의 애정도 포함된다. 그곳이 충만한 사랑의 공간이라는 것은 다음의 시에서도 충분히 확인된다.

> 연두, 아릿한 그리움
> 눈 뜨는 잎, 자리에
>
> 꽃 피워 훨훨 날아,
> 실눈 뜬 달님 손 잡고
>
> 당신 방 잠든 창가에
> 살짝 엿보러 가지요.

—「능수버들」 전문

이 시의 서정적 주인공은 인간화된 능수버들이거니와, 그것은 일단 “연두, 아릿한 그리움/눈 뜨는 잎”의 이미지로 표현된다. 인간화되어 있는 만큼 능수버들은 “실눈 뜬 달님 손 잡고//당신 방 잠든 창가에/살짝 엿보러” 갈 수도 있는 존재이다. 그러니만큼 이 시의 능수버들을 "당신 방 잠든 창가"를 "살짝 엿보러" 온 아리따운 여성으로 받아들인들 어떠하랴.

앞에서 말한 "꿈속에서나 머물던 마을"이 사랑의 공간으로 기억되는 것은 다음의 시 「모란꽃」에 의해서도 확인된다. 겉으로는 '모란꽃'을 노래하고 있더라도 속으로는 사랑스러운 여인을 노래하고 있는 것이 이 시이기 때문이다.

제목이 「모란꽃」인 만큼 이 시에서 노래하고 있는 "봄비가 보슬보슬 내리는 밤" 처음 본 "보조개 젖은 당신"은 일단 모란꽃으로 받아들여야 한다. 그렇기는 하지만 "햇볕 화창한 날" "앞마당 뜰에서" 내게로 다가온 "해맑은 색시" 같은 모란꽃을 반드시 모란꽃으로만 읽을 필요는 없다. 이때의 모란꽃을 모란꽃으로 상징되는 사랑스러운 여인으로 읽어도 무방하다는 것이다.

이 시에서도 각각의 이미지와 장면은 과거지향의 특성을 보여준다. 과거지향의 특성을 보여주는 것은 그의 시 일반이 갖는 보편적인 특징이기도 하다. 물론 이는 그의 시의 자아가 갖는 일반적인 특징이기도 하다. 그래서이겠지만 그의 시의 면면들은 많은 경우 지난 시대의 초상이라고 하더라도 지나치지 않아 보인다. 그의 시가 이처럼 과거지향의 면면들을 보여주는 까닭은 누가 뭐라고 해도 지난 시대의 시간과 공간이 그에게는 더없이 아름다운 추

억으로 존재하기 때문이다.

물론 이는 그의 시가 기억의 상상력에 기대고 있기 때문일 수도 있다. 실제로는 그가 본래 '오래된 미래'의 의식을 지니는 데서 기인한 것일 수도 있겠지만 말이다. 그의 의식 속에서는 과거의 시간과 공간이 오히려 미래의 그것으로 존재할 수도 있다는 것이다. 그렇다. 과거의 오래된 자연공동체, 곧 농촌공동체에서 오히려 미래의 유토피아를 깨닫고 있는 것이 시인일 수도 있다. 지금 이곳에 살면서도 다음과 같은 시를 쓰는 것은 아무래도 그의 미래의식과 무관하지 않아 보인다.

오후 새참 녘 장대비 퍼붓는다.

달음박질해 소 몰고 오다가

산사나무 아래서 빗물 닦아주는데,

먼 산 무지개 선선한 발 세운다.

'무성산 4'라는 부제가 붙어 있는 이 시의 제목은 「소나기」다. 이 시에는 1967년 전후 농촌에서 유년 시절을 보낸 사람이라면 누구나 쉽게 공감할 수 있는 풍경이 그려져 있다. 공감이 가능한 것은 그 시절 농촌에서 유년 시절을 보낸 사람들은 모두 소낙비 오는 날 "달음박질해 소 몰고" 집으로 돌아온 경험을 했기 때문이다.

이 시에는 과거의 자연 체험, 곧 농촌 체험이 지금 이곳의 일처럼 현재시제로 재현되어 있다. 물론 과거의 시간과 공간이 지금의 시간과 공간으로 재현되는 것은 위의 시에서만이 아니다. 그의 시에서 현재시제로 그려져 있는 1967년 전후의 자연 체험, 곧 농촌 체험을 찾기는 별로 어렵지 않다.

> 새벽바람 다독이며 이슬,
> 풀잎 끝에 맺힌
> 들길 따라가네.
>
> 다랭이논 향한 지게 위 햇살
> 금실처럼 내려앉는
> 가을 길 가네.
>
> 산마루 박차고 새털구름
> 하늘 높이 날아가는
> 들길 따라가네.
>
> 귓전에 투둑 툭,
> 상수리 떨어지는 소리 들으며

가을 길 가네!

—「가을 길–무성산 5」

이 시에도 지난 시대 시인의 체험이 오늘의 일처럼 그려져 있다. "다랭이논 향한 지게 위 햇살/금실처럼 내려앉는/가을 길 가네" 등의 구절이 특히 그렇다. "귓전에 투둑 툭,/상수리 떨어지는 소리 들으며/가을 길 가네" 등의 구절은 지금도 충분히 겪을 수 있는 일이기는 하다. 그러나 "다랭이논 향한 지게 위 햇살/금실처럼 내려앉는/가을 길 가네" 등의 구절까지 지금의 현실로 받아들이기는 어려워 보인다.

하지만 이들 시의 구절에 그의 자연 친화, 곧 농촌 친화 의식이 깊이 배어 있는 것은 사실이다. 물론 그의 시에서 자연 친화, 곧 농촌 친화 의식은 생생하게 깨어 있는 오래된 시간 및 공간과 함께한다. 시인 나름의 자연공동체, 곧 농촌공동체로 되살아나는 것이 그의 자연 친화, 곧 농촌 친화 의식이라는 것이다.

그의 시에 등장하는 깨어 있는 자연공동체, 곧 농촌공동체는 그의 고향이기도 충남 공주군 사곡면 대중리 '한시랑이'를 전제로 한다. 그의 시에서 '한시랑이'가 언제나 품이 넓은 이상향으로, 파라다이스로 존재하는 것은 확실하다.

밤꽃 갈라치며
초여름 넘어온 햇살

아기 모 토닥이다
바지게 기댄 채 졸고,

오르막 긴 밭머리
춘잠 치른 뽕나무들

잎새 아래 오디 안고
눈꺼풀 감은 한낮.

감나무 그늘 아래
머윗대 베는 아낙네,

눈시울에 어뜩어뜩
고이는 머언 하늘가.

—「한낮–한시랑이 1」 전문

이 시도 과거의 시간과 공간을 현재시제로 다루고 있다. 이 시에서 시인은 먼저 "밤꽃 갈라치며/초여름 넘어온 햇살"에 대해 주목한다. 이어지는 대목에서는 예의 햇살이 지금 "아기 모 토닥이다/바지게 기댄 채 졸고" 있다고 노래한다. “춘잠 치른 뽕나무들”이 “잎새 아래 오디 안고/눈꺼풀 감은 한낮”인데도 말이다. “감나무 그늘 아래/머윗대 베는 아낙네”의 “눈시울에” “어뜩어뜩” “머언 하늘”이 고이는 것이 이 시에서의 ‘한시랑이’다.

‘한시랑이’는 차령산맥의 주산인 무성산 아래의 마을이다. 이 시에는 무성산 아래의 마을, 그의 고향마을 ‘한시랑이’의 이런저런 풍물들이 잘 드러나 있다. 그의 시에서 ‘한시랑이’는 이처럼 언제나 무성산의 이미지와 함께한다. 이 시집에서 「무성산」 연작시가 중요한 부분을 차지하는 것도 이와 무관하지 않다.

그것은 ‘무성산 6’이라는 부제가 붙어 있는 시 「바람 소리」에도 마찬가지이다. 무성산 연작시라고 하더라도 이 시 역시 ‘한시랑이’가 공간적 배경이 되고 있다는 것이다. 그렇다. 시인이 “철새 떼 우르르 떠오르면,//능선 타고 내려오는 울음소리/낙엽 위로 구르며 흩어지네”라고 노래하는 공간도 실제로는 ‘한시랑이’다. 따라서 이 시집에서 「무성산」 연작시는 ‘한시랑이’ 연작시라고 해도 지나치지 않다. 다음의 시도 기본적으로는 ‘한시랑이’를 공간적 배경으로 하고 있다고 할 수 있다.

시렁 위의 귀뚜라미
기지개 켜는 소리 들으며

싸리울에 기대어 바라보네,
곱게 물든 감나무 잎새들.

앞산 허리 억새밭
새털구름 살포시 내려앉고,

서리 맞은 호박잎마다
쑥국새 울음 얼룩지는 노을.

가을 하늘 높이 높이 날아가네,
바람 소리 헛헛한 가슴에 두고.

—「가을의 노래」 전문

이 시에서 시인의 위치 또한 '한시랑이'의 고향 집이라고 생각된다. "시렁 위의 귀뚜라미/기지개 켜는 소리 들으며" "곱게 물든 감나무 잎새들" "싸리울에 기대어 바라보"는 곳이 '한시랑이'의 고향 집이라는 것이다. 그의 고향 마을 '한시랑이' 역시 지금은 1967년 무렵의 행복했던 모습을 그대로 간직하고 있지 못한 것으로 보인다. 이는 그가 자신의 시에서 "어머니 바가지 들고/고구마 퉁가리 열던 마실"에 대해 "이제는 숨어버린 그 마실"(「눈 내리는 마실)이라고 명명하는 것만 보더라도 잘 알 수 있다.

그렇기는 하지만 이 시집에서 그가 무성산으로 상징되

는 고향마을 한시랑이를 완전히 떠나 도시적 자아로 존재하는 것은 아니다. 변화하는 24절기의 자연을 다루는 그의 또 다른 연작시에서도 그의 시의 공간적 배경은 여전히 '한시랑이'라고 파악되는 자연공동체, 곧 농촌공동체이기 때문이다.

3. 자연을 보는 눈 혹은 24절기

이길섭의 시에서 고향 마을 '한시랑이'는 그가 꿈꾸어온 '오래된 미래'이기도 하거니와, 그곳은 또한 24절기가 뚜렷한 자연 공간, 곧 농촌 공간이기도 하다. 농촌 공간, 곧 자연 공간이라고 했지만 '자연'이라는 말의 내포는 다소 복잡하다. 자연이라는 말은 우선 내적인 면에서 '스스로 그러한 것'이라는 추상을 포괄한다. 물론 '스스로 그러한 것'이라는 추상이 자연의 내적인 작용에 붙여진 이름이라는 것은 명확하다.

이러한 논의에는 무엇보다 자연을 '활동하는 질서'로 인식하는 시각이 들어 있다. 다른 한편으로는 자연을 '살아 있는 생명'으로 인식하는 시각도 있지만 말이다. 전자는 고전적 자연관이고, 후자는 낭만적 자연관이다. 고전적인 관점과 함께하는 자연, 곧 '활동하는 질서'로 인식되는 자연은 자연을 '운동하는 원리'로 받아들이고, 낭만적 관점과 함께하는 자연, 곧 '꿈틀거리는 생명'으로 인식되는 자연은 자연을 '끓어오르는 에너지'로 받아들인다.

나날의 일상과 함께하는 자연의 가장 큰 단위는 지구생태계이다. 지구생태계를 보는 눈도 자연을 보는 눈과 다르지 않다. 이 또한 '변화하는 거대한 질서'로 이해하는 시각이 있고, '들끓는 거대한 에너지'로 이해하는 시각이 있다. 이길섭의 시에 드러나 있는 자연, 곧 지구생태계는 기본적으로 고전적 질서의 풍모를 지닌다. 그가 자신의 시에서 지구생태계의 변화를 의미 있는 질서로 파악하고 있기 때문이다. 이는 24절기를 집중적으로 노래한 그의 시들을 보더라도 잘 알 수 있다.

24절기는 태양의 위치에 따라 1년의 12달을 24마디로 체계화한 것인데, 처음에는 중국의 화북지방에서부터 사용되기 시작되었다고 한다. 물론 1년의 12달을 24개의 절기로 나누어 자연의 변화를 질서화한 것은 과거의 농업사회에서 농사의 편이를 위해서다. 그렇기는 하더라도 24절기가 아직 자연의 거대한 질서, 지구생태계의 커다란 흐름을 깨닫게 해주는 것은 분명하다.

24절기를 다룬 그의 시는 마땅히 '입춘(立春)'에서부터 시작된다. '입춘(立春)'은 봄이 바로 서는 날, 곧 봄이 시작되는 날이다. 그래서이겠지만 그의 시 「입춘(立春)」은 봄이 시작되는 날을 맞기 위해 준비하는 일부터 진술된다. "날 풀리고 눈 녹으면" "어느새//지난가을 남겨둔 문종이 베어내/입춘첩(立春帖) 쓸 준비"를 하는 것이 그이기 때문이다. 입춘첩을 쓰는 일은 후기 산업사회를 사는 지금 이곳 도시의 사람들에게 다소 낯선 풍광일 수도 있다. 하지만 자연의 질서, 곧 지구생태계의 운동에 민감한 시인에게는 그 또한 매우 중요하게 받아들여질 수 있는 시의 소재이다.

시인의 시 「입춘(立春)」 역시 그 특유의 서정이 매우 촉촉하게 드러나 있다. 하지만 정작 그의 시 특유의 서정은 이 이후의 절기를 다룬 시들, 즉 「우수(雨水)」나 「경칩(驚蟄)」 등에서 훨씬 더 밀도 있게 다가온다.

숲속 후미진 구석구석
배시시 햇살 기웃거리면
마른 낙엽 사이
요기서 삐쭉
조기서 삐쭉
잠 깨는 소리.

볕 바른 바윗가 까투리
풀섶 헤집는
산허리 타고
구비 도는 바람
잔설 녹이네,

비탈에는 도토리 깍지 데구르르.

—「우수(雨水)」 전문

사람들은 '우수(雨水)'를 두고 만물이 소생하는 절기라고 말한다. 하지만 시인에게는 만물이 소생하는 '우수'가 만물이 "잠 깨는 소리"로 받아들여진다. 그에게는 '우수'라는 절기가 "숲속 후미진 구석구석/배시시 햇살 기웃거리면/마른 낙엽 사이/요기서 삐쭉/조기서 삐쭉/잠 깨는 소리"로 들리는 때인 것이다. 그에게는 "볕 바른 바윗가 까투리/풀섶 헤집는 사이/산허리 타고/구비 도는 바람/잔설 녹이"는 절기가 '우수'라는 얘기이다.

'우수(雨水)'가 지나면 '경칩(驚蟄)'이 오기 마련이다. 우수 뒤에 경칩이 오는 것은 자연의 법칙이고 질서이다. 24절기의 하나인 경칩은 양력 3월 3일경으로 알려져 있다. 겨울잠을 자던 개구리나 뱀, 벌레 따위가 깨어 꿈틀거리기 시작하는 시기가 경칩이다. 시인은 자신의 시 「경칩(驚蟄)」에서 먼저 "오물오물 개구리 알 따스한/무논을 지나오세요"라고 노래한다. "오물오물 개구리 알 따스한" 같은 표현이 가능한 것은 개구리 알을 먹으면 허약해진 몸을 보할 수도 있고, 허리 통증의 치료에도 좋다는 속설 때문이다.

이 시의 이어지는 구절 "들녘 가득 쏟아지는 햇살/두 손에 한올 한올 사려오세요.", "살짝 다가온 그대와 더불어//잔치국수 빚어/한 사발 소반 위 올릴게요" 등 역시 지금은 만나기 어려운 그리운 풍경들을 담고 있다. 그리운 풍경들을 담고 있기는 또 다른 절기인 '입추(立秋)'를 노래한 시에서도 마찬가지다.

벼 이삭 고개 숙이는 논길 지나
쟁기 둘러메고 가야지.

따가운 볕 쏟아지는
굴참나무 아래 긴 고랑,

겨우살이 마련하러 가야지
배추씨 무씨 뿌리러.

올벼 훑어, 농주 동이
아랫목에 앉혀 놓고

마른 가지 끌어다가
눅눅한 구들 뎁히려네.

그믐쯤 조상 묘 벌초하고
상석에 술 한잔 올려야지.

—「입추(立秋)」 전문

이 시의 "벼 이삭 고개 숙이는 논길 지나/쟁기 둘러메고 가"는 풍경도 지금의 농촌에서는 찾아보기 힘들다. 그의 시에 거듭 지난 시대의 풍경이 그려지는 것은 무엇보다 그의 자아가 과거의 공간과 함께하고 있기 때문이다. 지금의 농촌에서는 "올벼 훑어, 농주 동이/아랫목에 앉혀놓"는 등의 풍경도 존재하지 않는다. 따라서 이들 구절은 그의 시에 잃어버린 낙원의식, 곧 파라다이스 의식이 얼마나 깊이 들어와 있는지를 알 수 있게 하는 증거라고 하지 않을 수 없다. 잃어버린 낙원 의식, 곧 파라다이스 의식은 24절기를 노래하는 그의 시 곳곳에서 확인된다. 24절기와 함께하는 또 다른 시 「입하(立夏)」도 그의 낙원의식, 곧 파라다이스 의식을 알 수 있게 해주는 좋은 예라고 할 수 있다.

24절기 중 '입하(立夏)'를 다룬 이 시에서 시인은 제목 그대로 '여름의 초입'을 노래한다. "돌배꽃 피나 했더니 지고/봄이 깊은가 했더니 가네"라고 하며 빠르게 지나가는 봄에 마음을 모으고 있는 것이 여기서의 시인이다. 이어지는 구절에서는 "산에는 나물 향기 가득하고/못자리엔 피사리 한창"이라고 노래하며 다가오는 여름을 반가워한다. 마지막 연의 두 행에서도 "찔레꽃 피기 전 미리미리/써레 꺼내 초벌 손보아야지"라고 하며 오래된 풍경을 노래한다.

이로부터 일단은 이 시의 어느 구절에도 어두운 구석이 없다는 것을 확인할 수 있게 된다. 말 그대로 밝고 환한 정서, 긍정적인 정서로 가득한 것이 그의 시이다. 앞에서 논의한 입춘, 우수, 경칩, 입추, 입하 등 24절기를 노래한 그의 시 어디에서도 어두운 구석이 보이지 않는다. 그의 시에서는 어디에서도 설움이나 한, 슬픔 등의 정서를 발견하기가 어렵다. 이러한 그의 시의 정서를 두고 낙원의 정서, 파라다이스의 정서라고 부른들 어떠하랴. 여기서 말하는 낙원의 정서, 파라다이스의 정서는 24절기 중 '대설(大雪)'을 노래한 시에도 고스란히 드러나 있다.

이 시 「대설(大雪)」에 드러나 있는 소리, 곧 "사랑채 아궁이에서는/쇠죽 끓는 소리", "호롱불 아래,/졸린 눈 비비는 소리", "투두둑, 솔가지 부러지는 소리"도 지금은 거의 듣기 어려운 그리운 소리이다. 소리뿐만 아니라 소리가 만드는 풍경도 이제는 사라지고 없는 것들이다. 하지만 이들 소리와 이들 풍경이 1967년 전후 대한민국의 농촌에서 유년 시절을 보낸 사람들에게는 더없이 그리운 것들인 것만은 사실이다.

이처럼 시인은 수시로 1967년 전후의 고향마을인 한시랑이의 24절기를, 그리고 무성산의 풍광을 그리워한다. 그곳이 그리운 것은 어머니가 그리운 것과 다르지 않다. 그 자신도 "문득 어머니가 그립다./겨울이면 나물 콩 불려 시루에 안치시던"(「대한(大寒)」)이라고 노래한다.

"고개 아래 긴 고랑/콩밭 매다 쉴 참 뇌어 보아요/엄니 엄니"(「호박꽃—무성산 3」) 하고 노래하는 것이 시인이라는 것이다.

이처럼 수시로 과거지향의 자아를 보여주는 것이 시인이다. 혹자에게는 자신의 시를 통해 그가 지난 시대의 초상을 현재시제로 노래하는 것이 낯설게 느껴질 수도 있다. 그렇게 받아들여지는 사람에게는 현재시제로 과거의 풍물을 노래하는 그의 시보다 과거시제로 과거의 풍물들을 노래하는 시가 훨씬 더 설득력을 주리라. 새삼스러운 얘기이지만 그의 모든 시가 지난 시대의 초상을 현재시제로 노래하는 것은 아니다. 더러는 과거시제로 과거의 풍물들을 노래하는 시들도 발견된다는 것이다. 24절기를 노래한 시 중에서도 「하지(夏至)」, 「소설(小雪)」 등이 그 대표적인 예이다.

> 더위가 고개를 쳐들면
> 엄니는 감자를 캤지요.
>
> 보랏빛 도라지꽃 피면
> 산 넘어 구름을 바라보았지요.
>
> 밤마다 친정 마을에는
> 고개 넘어 소쩍새가 울었지요.

재 넘어 묵은 밭에선

더위가 깊어 가는데요.

—「하지(夏至)」 전문

이 시에 그려지는 풍광도 지금의 농촌 마을에서는 보기 힘든 것들이다. 하지만 이 시는 시의 문장을 과거시제로 택하고 있어 독서를 좀 더 편안하게 한다. 물론 1967년 전후의 고향마을을 다루면서도 현재시제로 문장을 마무리하는 시 중에도 낯설지 않은 예가 없지 않다. 지난 시대의 고향마을을 소재로 하고, 현재시제를 사용해 문장을 이어가더라도 동시대적으로 읽히는 시도 있다는 것이다. 「한로(寒露)—농막」 「입동(立冬)」 등의 시가 그 대표적인 예이다.

개울가 따라

암자에 가는 길.

이마에 밴 땀

소매로 훔치고

떨어진 잎새 하나

개울물에 띄워보네.

갈 길 재어보며
옷깃 여미는데

매미 허물 그네 타는
앙상한 가지 사이

흘기며 지나가네,
늦가을 환한 노을빛.

—「입동(立冬)」 전문

이 시에 드러나 있는 시인의 경험과, 그에 따른 풍광은 지금 이곳의 현실로 읽더라도 크게 낯설어 보이지 않는다. "개울가 따라/암자에 가는 길"의 체험, "이마에 밴 땀/소매로 훔치고//떨어진 잎새 하나/개울물에 띄워보"는 체험은 지금도 충분히 가능한 것이기 때문이다. "앙상한 가지 사이//흘기며 지나가네,/늦가을 환한 노을빛" 같은 이미지는 지금 이곳의 사람도 충분히 체험할 수 있는 것이기 때문이다.

이처럼 이번 시집에 드러나 있는 시인의 시간 의식은 단순하지가 않다. 복잡하게 뒤얽혀 있는 것이 이번 시집에 드러나 있는 시간 의식이다. 따라서 그의 시에 드러나 있는 시간 의식은 다른 지면을 통해 좀 더 섬세한 조명이 필요해 보인다. 그렇다고는 하더라도 그의 시의 시간 의식과 함께하는 이상향이 지금 이곳이나 내일 저곳에 있지 않은 것은 사실이다. 그의 낙원 의식, 곧 파라다이스 의식이 지나간 시절의 자연공동체, 곧 농촌공동체에 자리해 있는 것만은 명확하다는 것이다.

4.

그의 시가 자연공동체, 곧 농촌공동체의 이상을 지니고 있다고 하더라도 정작 다감하게 다가오는 것은 지금 그곳의 현실과 함께할 때이다. 실제로도 그가 오늘 이곳의 현실을 완전히 도외시하며 이번 시집 『무성산』에 수록된 시들을 구성하고 있는 것은 아니다. 나날의 일상에서 발견하고 깨닫는 시적 진실도 상당량 수렴하고 있는 것이 그의 이번 시집 『무성산』이다.

나날의 일상에서 시인이 발견하는 시적 진실을 담고 있는 시는 주로 이 시집의 제4부에 수록되어 있다. 이를테면 「미분방정식 연습시간」, 「數學, 왜 필요한지」, 「4월」, 「처서 소감」, 「가자, 세상으로 가자!」, 「수국」, 「이팝나무꽃」, 「수리취」 등으로 이어지는 시가 나날의 그의 삶과 함께하는 진실을 담고 있는 시라는 것이다.

"다음 차례 학생들
교단 위로 나오세요."

칠판에 분필로
5명이 동시에 문제를 푼다.

양철지붕 위로 쏟아지는
소나기 소리!

이 시 「미분방정식 연습시간」 역시 짧게 압축된 서정을 담고 있다. 그가 수학 교수로 근무하던 시절의 체험을 담고 있는 것이 이 시이다. "칠판에 분필로/5명이 동시에 문제를" 풀 때 나는 소리를 "양철지붕 위로 쏟아지는/소나기 소리"에 비유하고 있는 것이 기발하다. 기발할 뿐만 아니라 발랄한 것이 그의 시의 여러 표현들이다. 그의 시는 이처럼 발랄한 상상력과 함께하고 있을 때 읽는 즐거움을 준다.

그의 이번 시집에서 이처럼 발랄한 상상력을 담고 있는 시를 찾기는 어렵지 않다. 중국 여행을 다녀와 쓴 시로 여겨지는 「장가계(張家界)」 같은 시가 보여주는 "물은 숨을 죽이고//산은 벌떡 일어나/절을 하려 하네"와 같은 구절에서도 그의 발랄한 상상력은 확인된다. 장가계의 기기묘묘한 풍광을 이처럼 신선하게 표현하기란 쉽지 않다. 이어지는 구절의 "산천이 다 놀라운 경관/하늘도 손뼉을 치네"와 같은 표현에 드러나 있는 상상력도 발랄하게 다가오기는 마찬가지이다. 발랄한 상상력이 주는 즐거움은 다음의 시에 의해서도 알 수 있다.

> 20대 소싯적 살림이 어려웠던 시절 집안일 돌보랴, 공부하는 남편 격려하랴, 아이 키우며 어려운 살림하는 아내에게, 미안한 마음 담아 현진건을 기억하여 빈처貧妻라고 부르고는 했다. 아내는 그 말을 들을 때마다 부자가 될 것이라며 부처富妻라고 불러줄 것을 주문했다. 이런 이유로 집안에서 둘이 있을 때 내가 아내를 부르는 호칭이 부처님이 되었다. 살림이 웬만큼 필 때까지 한동안 아내는 예수님의 대선배가 되었다. 요즘도 농담 삼아 빈처라고 부르면 "난 부처야" 하며 멋쩍게 웃는다.
>
> —「부처님 이야기」 전문

이 시는 서정적 이야기를 형상의 질료로 하고 있다. 빈처(貧妻)와 부처(富妻), 음상이 같은 부처(佛陀)라는 말을 뒤얽어 발랄한 상상력의 즐거움을 추구하고 있는 것이 이 시이다. 이 시에서 빈처(貧妻)와 부처(富妻), 부처(佛陀)라는 말은 모두 가난한 시절의 아내와 관련되어 있는데, 그때의 아내를 "예수님의 대선배"로 발상하는 것도 재미있다.

이 시에는 무엇보다 가난하고 어렵던 시절 서로에게 의지하며 평생을 잘 살아온 부부의 따뜻한 사랑이 들어 있다. 이때의 사랑이 오직 자신들 부부에게만 한정된 채 실행되지는 않았으리라. 그도 6 · 25 남북전쟁 직후에 태어난 1950년대 생들이 겪은 고난의 세월을 잘 알고 있는 사람이다. 이 나라를 다시 일으키기 위해 그의 세대들이 얼마나 많은 헌신을 해왔는지 잘 알고 있는 만큼 "요즘도 농담 삼아 빈처라고 부르면 "난 부처야" 하며 멋쩍게 웃는" 이들 부부의 사랑에 축복을 보내지 않을 수 없다.

이들 부부의 사랑이 아주 넓게 퍼져 세상이 좀 더 따듯해질 것을 믿어 의심치 않는다.